Richard Drasche von Wartenberg

Beiträge zur Entwickelung der Polychaeten

Richard Drasche von Wartenberg

Beiträge zur Entwickelung der Polychaeten

ISBN/EAN: 9783744622707

Hergestellt in Europa, USA, Kanada, Australien, Japan

Cover: Foto ©ninafisch / pixelio.de

Weitere Bücher finden Sie auf **www.hansebooks.com**

BEITRÄGE

ZUR

ENTWICKELUNG DER POLYCHAETEN.

VON

DR RICHARD VON DRASCHE.

ZWEITES HEFT.

ENTWICKELUNG VON SABELLARIA SPINULOSA LKT., HERMIONE
HYSTRIX SAV. UND EINER PHYLLODOCIDE.

WIEN.

VERLAG VON CARL GEROLD'S SOHN

1885.

BEITRÄGE

zur

ENTWICKELUNG DER POLYCHAETEN.

von

DR. RICHARD von DRASCHE.

ZWEITES HEFT.

ENTWICKELUNG VON SABELLARIA SPINULOSA LKT., HERMIONE
HYSTRIX SAV. UND EINER PHYLLODOCIDE.

WIEN.

VERLAG VON CARL GEROLD'S SOHN.

1885.

Sabellaria spinulosa Lkt.

Dieser Wurm mit seinen aus grobem Sande zusammengefügten Röhren kommt ziemlich häufig in der Nähe der Seehundsklippen bei Helgoland vor. Während des stürmischen Sommers im Jahre 1883 war es mir leider nur zweimal vergönnt, denselben mittelst des Schleppnetzes aus ziemlicher Tiefe zu erhalten. Die Thiere waren vom Ende Juli bis Mitte August geschlechtsreif, was sich bei den Weibchen schon von aussen an dem violetten Hinterleibe erkennen liess.

Ueber die Entwickelung von *Sabellaria*, und zwar von *Sabellaria alveolata* M. Edw., einer Art, welche sich von *spinulosa* nur durch geringfügige Details unterscheidet, besitzen wir eine ältere, in zwei Schriften veröffentlichte Arbeit von M. de Quatrefages (Note sur l'embryologénie des Annélides. Ann. science nat., 3ᵉ sér., Zool., Tom. 8, 1847, p. 99—107. — Mémoire sur l'embryologénie des Annélides. Ann. science nat., 3ᵉ sér., Zool., Tom. 10, 1848, p. 152—291, Taf. 3—4) und eine neue von R. Horst (Over bevruchting en ontwikkeling van *Hermella alveolata* M. Edw. Verslagen en Mededeelingen der koninklijke Akademie van Wetenschappen. Afdeeling Natuurkunde. Tweede Reeks. Zestiende Deel, 1881, p. 207—214. Mit einer Tafel). Aus de Quatrefages' Arbeit, welche sich zum grössten Theile mit der Bildung des Eies und den Vorgängen vor und während der Befruchtung beschäftigt, ersehen wir nur, dass das Ei sich inäqual furcht. Die frei schwimmende Larve wird uns nur in einem ziemlich undeutlichen Bilde vorgeführt (l. c. Taf. IV, Fig. 6—9). Ein etwas deutlicheres Bild der Larve gibt uns Horst (l. c. Fig. 12); was die Furchung betrifft, so kam er nur wenig über de Quatrefages' Arbeit hinaus. Nach dem Vorliegenden scheint es jedoch, dass die Entwickelung von *Sabellaria alveolata* wohl kaum in irgend welcher bemerkenswerthen Weise von jener der *Sabellaria spinulosa* abweichen dürfte. Die künstliche Befruchtung gelingt sehr leicht; jedoch haben die Eier in den Aquarien eine unangenehme Tendenz, sich abnormal zu entwickeln, insbesonders ist es in den späteren Furchungsstadien fast unmöglich, die Theilungen an einem und demselben Objecte unter dem Mikroskope zu verfolgen. Die ungleiche Grösse der späteren Figuren auf Taf. I rührt eben daher, dass diese Furchungsstadien verschiedenen Eiern angehören, deren Dimensionen

1*

in ziemlich weiten Grenzen schwanken. Die Vorgänge bei der Befruchtung, mit denen sich de Quatrefages und Horst genauer beschäftigten, habe ich nicht näher verfolgt; die Eier von *Sabellaria* sind gewiss zum Studium dieser Erscheinungen nichts weniger als günstige Objecte zu nennen. Sie sind undurchsichtig, dicht mit Dotterelementen erfüllt und sehr klein. Zwischen der Eimembran und der Dotterhaut befindet sich eine ziemlich dicke *Zona radiata*, welche im Verlaufe der Furchung schwindet, die Eimembran hängt dann als loser, gefalteter Beutel um die Larve; sie geht nicht wie bei anderen Anneliden in die Cuticula des erwachsenen Thieres über.

Bald nach der Befruchtung schnürt sich an dem dem Richtungskörperchen entgegengesetzten Pole eine kleine Blastomere ab (Taf. I, Fig. 2 und 3). Die grosse Blastomere theilt sich bald darauf durch eine meridionale Furche in zwei gleiche Furchungskugeln (Taf. I, Fig. 4). Mit einer von diesen verschmilzt nun die kleine Zelle (Taf. I, Fig. 5) und so entsteht endlich das Stadium mit zwei ungleich grossen Blastomeren (Taf. I, Fig. 6), das auch de Quatrefages (l. c. Taf. III, Fig. 17 und 18) und Horst (l. c. Fig. 3) abbilden. Ich habe diesen merkwürdigen Theilungsprocess bei einer grossen Anzahl von Eiern direct und immer in derselben Weise verfolgen können, so dass der Gedanke an eine abnormale Furchung hier gänzlich ausgeschlossen erscheint. Auch Horst erwähnt eine Theilung in drei Blastomeren (l. c. Fig. 4, 5, 6), hat aber, wenn ich den holländischen Text recht verstehe, die Verschmelzung der kleinen Blastomere mit einer der grösseren nicht beobachtet. Jede der beiden Zellen des Stadiums Fig. 6 theilt sich nun weiter, und zwar zuerst die grössere (Taf. I, Fig. 7 und 8). Die vier Furchungskugeln nehmen nun eine derartige Stellung gegen einander ein, dass die Verbindungsaxen je zweier aus einer Blastomere entstandenen Zellen nicht in einer Ebene liegen, sondern einen Winkel von circa 60° mit einander machen (Taf. I, Fig. 9 und 9a). Von den vier jetzt vorhandenen Blastomeren gehört ausschliesslich die Zelle A_2 dem Entoderm und Mesoderm (?) an und auch diese dürfte in den späteren Stadien noch Theile dem Ectoderm zuführen. Das nächste Stadium wird durch die Theilung von A_1 eingeleitet (Taf. I, Fig. 10), der bald darauf jene von B_2 (Taf. I, Fig. 11 und 12) und B_1 (Taf. I, Fig. 3 und 14) folgt. Die weiteren Furchungen habe ich nur bis zu dem Stadium Fig. 18 verfolgen können, die zunehmende Undurchsichtigkeit des Objectes verhinderte die weitere Beobachtung. Taf. I, Fig. 14 entspricht dem Stadium, welches Horst (l. c. Fig. 8) abbildet. Zum Schlusse theilt sich auch die grosse Zelle A_2 in mehrere keilförmig nach innen vorragende Zellen, wie ein optischer Durchschnitt durch ein gefärbtes und durchsichtig gemachtes Präparat zeigt. Zu dieser Zeit ist schon deutlich die bilaterale Symmetrie ausgedrückt, wie ein Blick auf die Fig. 2, Taf. II beweist. Die Fig. 1, Taf. II zeigt den optischen Durchschnitt derselben Larve senkrecht auf diese Ebene. Die langen keilförmigen Zellen zeichnen sich durch ihre grossen, nach innen gelagerten Kerne aus. Vergleicht man die Fig. 1 mit der Fig. 3, welche einer älteren Larve in gleicher Stellung entspricht, so findet man sich geneigt, die beiden auf Fig. 1 mit *m* bezeichneten Zellen für Mesoblasten anzusprechen. Zur Verfolgung des weiteren Hineinrückens des Entoderms sowohl wie der schliesslichen Umwachsung desselben durch die Ectodermzellen sind die Embryonen viel zu undurchsichtig. Leider gingen mir die conservirten Larven, die ich von Helgoland nach Hause mitbrachte, verloren, so dass ich keine weiteren Aufschlüsse über das Verhältniss des Blastoporus zu Mund und After geben kann, welches nur durch Anwendung der Schnittmethode hier aufgeklärt werden könnte. Horst gibt in seiner Abhandlung eine Figur (l. c. Fig. 11), in welcher der Mund direct in das Entodermsäckchen mit breitem Lumen übergeht. Ersteres berührt mit seinem blinden Ende noch nicht das Ectoderm. Es ginge also der Blastoporus direct in die Mundöffnung über wie bei den anderen, bis jetzt besser ihrer Entwickelung nach gekannten Polychaeten. Allerdings ist die Figur ziemlich stark schematisch gehalten und nicht leicht zu denken, wie aus der Fig. 10 (l. c.) sich die Fig. 11 entwickeln solle, es bleibt hier eben noch eine grosse Lücke in der Beobachtungsreihe auszufüllen. Betrachtet man jedoch in unserer Fig. 2, Taf. II, die nach dem Rücken gewandten keilförmigen Entodermzellen, die Abflachung an der Bauchseite und vergleicht sie mit einer gleichgestellten älteren Larve (Taf. II, Fig. 5), so wird es wohl ziemlich natürlich erscheinen, hier einen gleichen Vorgang bei der Bildung der Mundöffnung anzunehmen, wie ich ihn bei *Pomatoceros triqueter* (diese Beiträge, 1. Heft) nachwies. Die Figuren 2 und 5 der Tafel II sind unschwer mit jenen von *Pomatoceros* (l. c. Taf. II, Fig. 20 und 25) zu vergleichen.

Nach etwa 24 Stunden hat der Embryo eine unregelmässige, eiförmige Gestalt mit einem Wimperschopf am Scheitelpol und einem zarten Cilienkranz um die Mitte. Die Eihaut hängt nur mehr an wenigen Punkten fest, während sich um die Larve selbst eine feine *Cuticula* gebildet hat. Die Fig. 3 stellt eine drei Tage alte Larve vor, Fig. 4 und 5 eine etwas ältere. Zu beiden Seiten des Darmes sieht man die bedeutende Mesodermanlage mit den langen provisorischen Borsten. Dieselben werden sowohl von de Quatrefages als auch von Horst ihrer ganzen Länge nach mit zweizeilig gestellten, nach hinten

gerichteten Spitzen versehen gezeichnet. Bei starker Vergrösserung sieht
man jedoch, dass die vorhin erwähnten Spitzen nicht zu zweien, sondern
in grosser Anzahl ringförmig die Borsten umgeben. Bei schwacher
Vergrösserung sind eben nur die zwei seitlichen Theile des Stachel-
ringes sichtbar (Taf. II, Fig. 7). Fig. 5 zeigt eine $3^1{}_2$ Tage alte Larve
von der Seite, Fig. 4 ihren optischen Durchschnitt, senkrecht zur Symmetrieebene. Der Darm besitzt schon ein Lumen, die Mundöffnung ist
mit starken Wimpern versehen, die Ectodermzellen am Scheitelpol sind
bedeutend verdickt und tragen einen langen Wimperschopf. Der präorale
Wimperkranz ist kräftiger. An der Analseite befindet sich ein steifes
Haar. Der Anus selbst scheint jedoch noch nicht durchgebrochen; die
Abflachung der Bauchseite ist sehr auffallend geworden. Larven dieses
Alters sind schon, hauptsächlich an der oberen Hälfte, deutlich mit
gelben Pigmentflecken versehen.

Fig. 6 stellt eine fünf Tage alte, in den Aquarien gezüchtete
Larve dar. Die Larven sind zu dieser Zeit äusserst beweglich und
nur sehr schwer in uncontrahirtem Zustande zu beobachten, der Geisselschopf ist sehr mächtig ausgebildet, dem einfachen präoralen Wimperkranz von früher sind einige parallele Wimperreihen zugefügt. Die
ganze Bauchseite flimmert lebhaft. Neben dem grossen Munde haben
sich links und rechts zwei flimmernde Segel gebildet. Die provisorischen
Borsten haben an Zahl und Länge zugenommen und werden in steter
Bewegung gehalten, bald zusammengeklappt und eingezogen, bald
wieder herausgestossen und weit voneinander gespreizt, der ganze
Körper der Larve ist mit grossen gelben Pigmentflecken versehen.
An dem von mir abgebildeten Exemplare ist erst der rechte braun-
rothe Augenfleck ausgebildet, der zweite entsteht etwas später. Der
Eingeweidesack hat die bei den Polichaetenlarven so gewöhnliche re-
tortenförmige Gestalt. Auffallend ist die Tendenz der Larve, den ven-
tralen Theil des Wimpergürtels über die Mundöffnung vorzustrecken, was
der Larve, im Profil angesehen, eine helmartige Form gibt. Ein älteres
Stadium zu erzielen war mir leider, wie auch meinen Vorgängern, nicht
gelungen. Obzwar ich im pelagischen Auftriebe zahlreiche segmentirte
Larven fand, welche unschwer auf die Fig. 6 zurückzuführen gewesen
wären, so hielt mich doch der Umstand, dass die Sabellarialarve eine so
ungemeine Aehnlichkeit mit jener der Spioniden hat, zurück, den ab-
gebrochenen Faden in der Beobachtung der directen Entwickelung aus
dem Ei durch den pelagischen Auftrieb wieder anzuknüpfen. Die Aehnlichkeit der Sabellarialarve mit jener von *Spio* (siehe z. B.: On the deve-
lopement of certain worm larvae by Walter Fewkes. Bulletin of the Museum of comparative zoology at Harvard College, Vol. XI, Nr. 9, Taf. II,

Fig. 1, 2, 3) ist eine so grosse, dass eine Verwechslung ungemein leicht erscheint; es ist dies um so auffallender, als ja die Hermelliden und Spioniden im Systeme weit auseinander stehen.

Den Hermelliden zunächst stehen die Amphicteniden. Wenn Bobrezky's Beobachtung sich bestätigt (Verhandl. d. Gesellsch. d. Naturf. in Kiew, 1873, Bd. 3, Heft 3), dass die Polydoralarve Claparède's (Beiträge zur Kenntniss über Entwickelungsgeschichte der Chaetopoden, Zeitschr. f. wissensch. Zool., 1869, Bd. 9, Taf. XII, Fig. 3), welche auch von Willemoes-Suhm (Biolog. Beob. über niedere Meeresthiere, Zeitschr. f. wissensch. Zool., Bd. 21, 1871, Taf. XXXI, Fig. 11) als unbekannte Annelidenlarve von Helleback abgebildet wurde, eine Pectinarialarve ist, so gibt uns das wieder einen Beweis, wie verhältnissmässig nahestehende Familien sich durch ganz verschiedene Larvenformen auszeichnen. Der Pectinarialarve fehlen die provisorischen Borstenbündel vollständig. Die bis jetzt bekannten Larven dieser Gattung sind allerdings älter als die älteste von mir beobachtete Sabellarialarve, da sie schon gegen zehn Segmente aufweisen, es ist jedoch schwer zu denken, dass in so früher Zeit die Borsten schon abgeworfen werden sollten. Dass die eben erwähnte Larve keine *Polydra* ist, ist zweifellos, da die an Paleen erinnernden Borsten vor dem ersten Segment sind, wie es auch Willemoes-Suhm richtig zeichnet und wie ich es auch bei einer bei Zaule im September 1884 pelagisch gefischten Larve bestätigen konnte (siehe Taf. V, Fig. 4). Dass Metschnikoff und Claparède die Borsten im fünften, oder wie die Zeichnung vielmehr zeigt, zwischen zweitem und fünftem Segment beobachtet haben, ist mir nicht recht verständlich.

Hermione hystrix Sav.[1])

Diese wohlbekannte Annelide kommt ziemlich häufig in der schlammigen Bucht von Zaule bei Triest vor. Ein Theil der Thiere

[1]) Ueber die Larven und die Entwickelung der Aphroditiden besitzen wir mehrere Arbeiten und Notizen, welche ich hier nach der Aufeinanderfolge ihrer Publication zusammenstelle: Sars, Zur Entwickelung der Anneliden, Arch. f. Naturg., 1845, Bd. II, p. 11—19, Taf. I, Fig. 12—21 (über *Polynoë cirrata*). — Max Müller, Ueber die Entwickelung und Metamorphose der Polynoen, Müller's Archiv, 1851, p. 323, Taf. XIII. — Bobretzky, In den Verhandl. d. Gesellsch. d. Naturf. in Kiew, 1873, Bd. 3, Heft 3 (über *Pholoë ocellata*). — Fewkes Walter, On the development of certain worm larvae, Bulletin of the Museum of comparative zoology at Harvard College, Vol. XI, Nr. 9, 1883, p. 185—186, Taf. III, Fig. 1—4; Taf. IV, Fig. 14—17 (über *Lepidonotus squamatus*); Taf. IV, Fig. 13 und 13a (*Harmathoë?*).

war Anfangs October geschlechtsreif. Ich vermuthe jedoch aus der Beschaffenheit der Geschlechtsdrüsen, dass die wirkliche Laichzeit noch viel später, vielleicht November ist. Die künstliche Befruchtung gelang nicht, wohl nur deshalb, weil ich nicht ganz reife Genitalproducte dazu verwendete. Nachdem ich jedoch eine grössere Anzahl dieser Thiere einige Tage in einem Aquarium gehalten hatte, stiessen sie von selbst Eier und Samen aus, welch' erstere sich dann bis zu einem gewissen Stadium weiter entwickelten.

Die Eier sind verhältnissmässig gross, bis 0·2 mm. im Durchmesser, gänzlich undurchsichtig, dunkelviolett gefärbt. Sie bilden ein zur Verfolgung der Furchung höchst ungünstiges Object, auch haben sie die unangenehme Eigenschaft, dass sie selbst in den späteren Larvenstadien sich recht schwierig färben lassen. Dies ist hauptsächlich eine Folge der alle Zellen der Larve durchdringenden Dotterelemente. Die erste Furchung theilt das Ei in zwei ungleich grosse Blastomeren (Taf. II, Fig. 9). Eine darauf senkrechte Furchungsebene lässt vier Blastomeren entstehen (Taf. II, Fig. 10). Weitere Furchungen mit Bestimmtheit zu verfolgen, gelang mir nicht, doch konnte ich an Schnitten von ziemlich späten Stadien noch immer eine deutliche Furchungshöhle beobachten, auch scheint die Furchung keine sehr inäquale zu sein. Nach circa zwölf Stunden entsteht eine fast kugelige, nur an einem Pole etwas zugespitzte Larve, die mit einem einfachen äquatorialen Wimperkranze und einem kleinen Scheitelschopfe ausgerüstet ist. Schnitte durch diese Larve zeigen kein Lumen, sie ist dicht mit Dentoplasma erfüllt. Auch war es mir nicht möglich, auf solchen Schnitten etwas von Zellencontouren zu beobachten, da eben die Färbungsmittel fast wirkungslos bleiben. Die violette Larve bekommt nach zwanzig Stunden hinter dem ersten einen mit kürzeren Cilien besetzten zweiten Wimperkranz und verlängert sich etwas (Taf. II, Fig. 12). Dreissig Stunden nach der Befruchtung ist ein Analwimperkranz vorhanden und die Larve schwimmt nun äusserst lebhaft herum. Die Eihaut hat sich an einigen Stellen von dem Körper abgehoben, verschmilzt jedoch später wieder mit demselben und wird zur Cuticula des erwachsenen Thieres. Bei einer fünfzig Stunden alten Larve, die sich schon bedeutend vergrössert und verlängert hat, sieht man am Rücken schon zwei grosse rothe Augenflecken (Taf. II, Fig. 14 und 15). Die Kopfgegend hat eine dreieckige Form angenommen. Charakteristisch für die Larve ist ein breiter äquatorialer Wulst, der hinter den Augen beginnt und sich bis hinter die Mundöffnung erstreckt. An der Bauchseite ist er etwas breiter und bildet einen nach rückwärts zu convexen Bogen. Die Anlage des mit grossen Dotterballen erfüllten Darmes ist schon ersichtlich, auch die Mundeinstülpung wird durch ein Wimperbüschel gekennzeichnet. Der früher am Scheitelpole befindliche Wimperschopf ist etwas gegen die Bauchseite hinuntergerückt. Die Figuren 1 und 2, Tafel III, geben eine Ansicht der Larven am vierten Tage nach ihrer Befruchtung. Die Larve ist etwas heller und durchsichtiger geworden. Die grossen Dotterballen concentriren sich nun hauptsächlich im Verdauungstractus und in dem ringförmigen Wulste. Der hintere Theil der Larve ist, den Darm ausgenommen, fast frei von diesen Elementen, nur von der Mundöffnung zieht sich an der Bauchseite bis nach hinten ein Streifen von Dotterkugeln (Taf. III, Fig. 2). Am Kopfe, der Bauchseite zugewandt, sieht man fünf kegelförmige Papillen. Diese haben jedoch nichts mit den Kopftentakeln gemein, da sie weder der Lage, noch der Zahl nach mit denselben übereinstimmen. (Bekanntlich besitzt ja *Hermione hystrix* nur einen unpaaren Tentakel und zwei Palpen.) Die vier Tage alte Larve hat schon drei Segmente entwickelt, welche mit Borsten versehen sind. Auf Tafel II, Figur 16—20 sind Querschnitte einer solchen Larve gegeben. Der Schnitt (Fig. 16) führt gerade durch die Basis der fünf Papillen, die sich als kreisförmige, stark mit Farbstoff imbibirte Flecken erkennen lassen. Den Zellencomplex an den Seiten und dem Rückentheile des Schnittes halte ich für die Anlage der Scheitelplatten. Schnitt 17 führt durch den ringförmigen Gürtel, und zwar durch einen präoralen Wimperkranz. Das Ectoderm ist hier mit grossen Dotterkugeln erfüllt. Von Zellbegrenzungen oder auch nur Kernen ist nichts zu bemerken, da dieser Theil der Larve sich nur höchst unvollkommen färbt. Innerhalb des Kranzes von Dotterkugeln sieht man, gegen die Bauchseite gerückt, zwei symmetrische Zellhaufen, welche wohl dem Kopfmesoderm entsprechen. Weiter nach hinten tingirt sich nun die Larve besser, die Schnitte werden klarer. Figur 18 ist ein Schnitt oberhalb des Mundes. Derselbe hat sowohl den Darm, als den schief nach aufwärts steigenden und sich dann unter spitzem Winkel mit dem Darm verbindenden Oesophagus getroffen. Das Ectoderm ist gegen die Bauchseite zu aus mehreren Schichten von Zellen zusammengesetzt. Der Schnitt zeigt deutlich, dass der Oesophagus seine Entstehung einer Einstülpung des Ectoderms verdankt. Das Mesoderm ist in zwei breiten Bändern beiderseits des Darmes zu sehen. Der dicht mit Dotterballen erfüllte Darm hat eine Art Naht, welche denselben seiner Länge nach halbirt. Die Bedeutung und Entstehung derselben blieb mir unklar. Querschnitt 19 ist etwas schief zur Axe des Thieres gerichtet, etwa wie die Richtung des Pfeiles auf Tafel III, Figur 2 ausdrückt. Er hat auf der rechten

Seite die Anlage des ersten Borstensackes getroffen. Figur 20 ist ein Querschnitt hinter dem Munde. An der Bauchseite sieht man die zwei grossen, bei den Annelidenlarven so gewöhnlichen Wimperzellen. Das Ectoderm ist hier ganz ungewöhnlich verdickt. An der linken Seite des Mesoderms liegen die Anlagen von zwei Borstensäcken. Eine Larve von sechs Tagen geben die Figuren 3 und 4, Tafel III, von der Bauch- und Rückenseite wieder. Die Larve ist nun noch heller und durchsichtiger geworden. Die Dotterkugeln sind jetzt hauptsächlich nur mehr im Verdauungstracte zu sehen. Der äquatoriale Wulst ist schmäler geworden und der anale Wimperkranz, der in den Körper einziehbar ist, zeichnet sich durch besonders lange Cilien aus. Auf der Rückenseite sind statt dem einen drei Paar Augen entstanden. Die Larve besitzt jetzt schon fünf Segmente, wovon die vier hinteren borstenführend sind. Die Bauchruder, welche als lange konische Zapfen ausgebildet sind, tragen jedes vier lange Borsten und ein dunkelgefärbtes dickes Acicula. Von den vier Borsten ist stets eine vollständig glatt und die übrigen mit um die Axe unregelmässig vertheilten Spitzen versehen. Das freie Ende derselben ist etwas säbelförmig gekrümmt (siehe Taf. V, Fig. *a, b, c*). Die Form dieser Borsten stimmt nun keineswegs vollständig mit jener, welche wir von den Bauchrudern des erwachsenen Thieres kennen. Claparède (Les Annélides chétopodes du Golfe de Naples, p. 160, Taf. I, Fig. 2C und 2D) hat nun allerdings von den vordersten Segmenten dieses Thieres zwei Arten von Borsten nachgewiesen, welche ich auf Tafel V, Figur 6a und b reproducire, die mit denen der Embryonen nicht identisch sind. Indess glaube ich, dass die Entwicklung der Borsten Figur 6a aus Figur 5c leicht zu denken ist, ohne dass man zur Annahme sich gezwungen zu fühlen braucht, die Embryonalborsten seien nur provisorisch. Viel unsicherer erscheint mir indess die Frage, ob aus den platten Embryonalborsten Figur 5b sich die gefiederten Figur 6b, oder jene von der Form Figur 5c bilden. Die dorsalen Ruder sind durch eine kuppelförmige Hervorragung gekennzeichnet. Sie tragen ein Bündel von geraden, kurzen und platten Borsten, welche identisch sind mit jenen, welche sich auch beim erwachsenen Thiere an der der Mittellinie zugekehrten Seite der Elytren oder Dorsalcirren befinden. Von den sogenannten langen Pfeilborsten (setae glochideae), die ausserhalb der platten Borsten an den Elytren tragenden Segmenten bei *Hermione hystrix* am Rückenruder vorkommen, ist noch keine Spur zu sehen. Sowohl an der Rücken- als auch an der Bauchseite aller borstentragenden Segmente bemerkt man eigenthümliche, scheibenförmige Lappen, welche mit einer beschränkten Anzahl steifer Haare besetzt sind, die aus knopfförmigen

Protuberanzen dieser Gebilde entspringen. Dies sind die künftigen Bauch- und Rückencirren und die Elytren. Auch das erste borsten- lose Segment trägt an der Bauchseite einen solchen Apparat, während die Rückenseite nur einen vorspringenden Wulst erkennen lässt. Ich halte dies für die Anlage der beiden Fühlercirren. Auffallend ist es, dass die scheibenförmigen Lappen des zweiten und vierten Rücken- segmentes, also jene, welche später die Elytren bilden sollen, in ihrer Entwicklung zurückgeblieben sind.

Die Entstehung der Elytren aus den gleichen Anlagen wie die dor- salen Fühlercirren hatte schon Johannes Müller in seiner classischen Arbeit über die Metamorphose von *Polynoë* nachgewiesen, auch wurde diese Thatsache von Fewkes (l. c.) bei *Lepidonotus* bestätigt. Mir selbst gelang es leider nicht, spätere Zustände als die auf Figur 3 und 4 abgebildeten zu erhalten; meine sämmtlichen Larven starben zu dieser Zeit und vergeblich bemühte ich mich, wieder geschlechtsreife Thiere zu finden.

Phyllodocide.

Anfangs October fanden sich im pelagischen Auftriebe in der Bucht von Muggia bei Triest zahlreiche Larven ein und derselben Art, welche unschwer als solche von Phyllodociden zu erkennen waren. Der steife Schopf an der Bauchseite zwischen Scheitel- und präoralem Wimperreif, die grosse Mundöffnung, der konisch zugespitzte präorale Theil sind so auffallende Erscheinungen, die den Larven keiner anderen Annelidenart zukommen, dass hier eine Verwechslung nicht leicht mög- lich erscheint. Leider waren fast alle Larven schon einige Tage alt und nur mit grosser Mühe gelang es mir, einige Exemplare von jüngeren Stadien aufzufischen (darunter auch ein noch ungefurchtes Ei), deren Zusammengehörigkeit mit den älteren Larven, wie ich glaube, zweifel- los ist.

Das Ei ist verhältnissmässig sehr gross und hatte einen Durch- messer von 0·6 mm; es war durchscheinend mit einem Stich ins Bräun- liche, mit einer äusserst zarten Eihaut umgeben, welche nur dort er- sichtlich wurde, wo sich zwischen ihr und dem Dotter ein kleiner Richtungskörper befand. Im Dotter befand sich eine grosse und mehrere kleinere Oelkugeln. Das nächstfolgende Stadium, dessen ich habhaft werden konnte, hatte schon ein vollkommen ausgebildetes Ectoderm, das allseitig die vier grossen Entodermzellen, deren jede in ihrem Innern eine grosse, scharf contourirte Oelkugel besass, umgab. Die Grenzen

der grossen Entodermzellen waren der Durchsichtigkeit der Larve halber
nur undeutlich zu sehen und habe ich ihre Einzeichnung in die Figur 6
(Taf. III) unterlassen. Die Ectodermzellen waren auf der einen Seite des
Eies bedeutend höher als auf der gegenüberliegenden, wo sie platten-
förmige Gestalt besitzen. Leider kann ich über die Lage des Blastoporus, sowie über etwa schon gebildete Mesodermzellen nichts weiter
berichten. Die nächst ältere von mir gefundene Larve — leider auch
nur in zwei Exemplaren — hatte schon einen feinen äquatorialen
Wimperkranz (Taf. III, Fig. 7). Im Uebrigen waren die Veränderungen
nicht bedeutend. Die Grenzen der Ectodermzellen konnten nicht mehr
deutlich gesehen werden, die vier grossen Entodermzellen mit den
Oelkugeln, sowie die Glasartigkeit der Larve waren unverändert ge-
blieben. Die ersten typischen Anzeichen der Phyllodocidenlarve zeigt
nun das folgende Stadium (Taf. III, Fig. 8), von dem ich mehrere Exemplare (3—4) erbeutete. Der eine Pol, wie später ersichtlich der Scheitelpol, hat sich spitz ausgezogen, während das gegenüberliegende Ende
halbkugelförmig gerundet bleibt. Gehen wir nun zu denjenigen Stadien
über, welche in grösserer Anzahl im pelagischen Auftriebe zu studiren
waren. Die jüngste dieser Larven zeigt Figur 9, Tafel III. Der Scheitelpol ist noch mehr in die Spitze gezogen, Mund und After sind schon
vorhanden. Der erstere ist, wie es einer Phyllodocide entspricht, weit
nach hinten gerückt, sehr gross und mit lebhaft um sich schlagenden
Wimpern umgeben. Die Lage des Afters am hinteren Pole ist ebenfalls durch ein Wimperbüschel gekennzeichnet. Am Scheitelpol finden
sich einige steife Borsten, der präorale Wimperkranz ist doppelt und
sehr gut ausgebildet. Die Oberfläche der sonst ganz durchsichtigen
Larve ist mit zahlreichen, dunkel schmutziggrünen Pigmentflecken
gezeichnet, welche unterhalb des hinteren präoralen Wimperkranzes
in einem Kreise angeordnet sind. Eine gelb pigmentirte Linie be-
gleitet den vorderen präoralen Wimperkranz. Ausserdem sieht man
noch beiderseits des Mundes längliche Flecken von gelben Pigment-
anhäufungen und zwei ähnliche kleinere hinter dem Munde. Vor dem
After erkennt man einen analen Wimperkranz. Ueber die Pigmentzeichnungen dieser Stelle berichten wir bei dem folgenden Stadium,
wo dieselbe deutlicher ausgeprägt ist. Die vier grossen Entoderm-
ölkugeln sind zu einem flaschenförmigen Körper verschmolzen, während
zahlreiche kleinere Tropfen, die sich von ihnen losgelöst haben, das
Innere der Larve erfüllen. Bei einem etwas älteren Thiere, das auf
Figur 10 abgebildet ist, erscheinen zwei grosse rothe Augenflecken und
zwischen ihnen an der Bauchseite ein steifer Scheitelschopf. Der Mund
ist etwas kleiner und von ihm bis zum After zieht sich ein breiter

wimpernder Bauchstreifen. Am Hinterende der Larve sieht man zwei
kreisförmige, zur Hälfte mit Roth eingesäumte Pigmentzeichnungen, in
deren Mitte sich je ein zartes hakenförmiges Gebilde befindet (Taf. III,
Fig. 12). Das Innere der Larve selbst ist dicht mit Oelkugeln erfüllt,
während die grossen Tropfen verschwunden sind. Was die Form der
Larve betrifft, so ist sie ihrer ungemeinen Beweglichkeit und Contrac-
tionsfähigkeit halber schwer zu bestimmen. Im Allgemeinen kann man
jedoch behaupten, dass der hinter dem präoralen Wimperkranz liegende
Theil, also der eigentliche Körper, sich verlängert und zuspitzt. Von
Larven im Alter der auf Figur 10 abgebildeten wurden Längsschnitte
parallel zur Symmetrieebene angefertigt. Die Embryonen lassen sich
gut durch Boraxcarmin tingiren, haben aber den Nachtheil, dass sie,
in die Conservirungsflüssigkeit gebracht, sogleich einen Theil des Darmes
durch den Mund hervorstülpen. Die Querschnitte Fig. 3—6, Taf. IV,
welche von einem etwas jüngeren Exemplare angefertigt sind, ergänzen
zweckentsprechend die Figuren 1 und 2. Der Längsschnitt Fig. 1 hat
gerade das linke Auge getroffen. Das Ectoderm erscheint von grosser
Dicke, was zum Theile durch die Lage des Schnittes bedingt wird.
Am Scheitelpole bemerkt man deutlich die Anlage des Nervensystems,
ausgedrückt durch einen Complex von sich stark färbenden Zellkernen (s).
Die am gegenüberliegenden Pole an der Bauchseite im Ectoderm er-
sichtlichen Zellkernanhäufungen sind die Anlagen des linken Bauch-
nervenstranges (r). In der Nähe der Mundöffnung bei c liegt ein Haufen
von Zellen, welche dem Kopfmesoderm entsprechen (km). Eine ähnliche Gruppe (m) liegt am Hinterende der Larve, sie gehört der linken,
symmetrisch ausgebildeten Anlage des Körpermesoderms an. Die Figur 2
gibt einen Längsschnitt wieder, der genau in die Symmetrieebene fällt,
wie aus dem Umstande zu erkennen ist, dass der steife Wimperschopf
am Kopfe sowohl als auch der flimmernde Bauchstreifen und der
Geisselschopf am Anus getroffen sind. Die Anlage der Scheitelplatten
ist an diesem Schnitte nicht sichtbar oder nur durch wenige, die Verbindung der beiden symmetrischen Theile mit einander bildenden Zellen
(s) ersichtlich, ebensowenig erkennt man etwas von den beiden Bauch-
nervensträngen, die zu dieser Zeit ja noch (siehe Taf. IV, Fig. 6) weit
von der Mittellinie entfernt liegen. Das Ectoderm auf der Rückseite
des Kopfes ist stark verdünnt. Von den Mesodermgebilden sieht man
einige Zellen des Kopfmesoderms (km) und des Körpermesoderms (m),
jedoch sind auch diese Gebilde entsprechend ihrer paarigen Anlage
hier noch sehr schwach ausgebildet. Zwischen Ectoderm und dem
Darme am Rücken lagert eine dünne Membran, die aus langen spindel-
förmigen Zellen gebildet wird und dem mittleren Blatte angehört. Auf

dem Querschnitte Fig. 6 einer jüngeren Larve hat sich das Mesoderm noch nicht am Rücken geschlossen. Am Scheitelpole, dort, wo die oben besprochene Verdünnung des Ectoderms vorhanden ist, bleibt zwischen diesen Spindelzellen und dem ersteren ein dreieckiger Raum übrig, der mit einigen spärlichen, sich blass färbenden Zellen erfüllt ist. Diese Höhle, welche wir auch am Querschnitte Fig. 3, der durch die Scheitelplatten und das linke Auge geht, wieder treffen, entspricht seiner Lage nach der Kopfhöhle. Das frühe Auftreten derselben, bevor noch irgend eine Spur der Leibeshöhle vorhanden ist, wurde schon von Salensky für *Terebella* und *Aricia* (Journ. de Biologie, 1883, Vol. IV, p. 201) nachgewiesen. Das Entoderm besteht aus grossen keilförmigen Zellen mit blassen, nach aussen gerichteten Kernen. Knapp an der Mesodermmembran liegen die grossen Fettropfen, welche der Larve im Leben den Anschein geben, als wäre sie vollständig von denselben erfüllt. Die Querschnitte bestätigen die aus der Ansicht der Längsschnitte gewonnenen Resultate. Fig. 3 wurde schon früher besprochen, der Schnitt Fig. 4 hat den präoralen Wimperkranz etwas schief getroffen. Man erkennt deutlich die doppelte Anlage des Kopfmesoderms an der Bauchseite. Ein Schnitt knapp hinter dem Munde zeigt nur sehr spärliche Mesodermzellen und führt zu der Ansicht, dass hier die beiden Mesodermanlagen (Kopf und Körper) selbstständig ihre Entstehung genommen haben, wie schon von Salensky für *Psygmo-branchus proteus* (Journ. de Biologie, Vol. III, 1882, Taf. XIV, Fig. 13 B, p. 357), *Terebella Meckelii* (l. c. Vol. IV, p. 226—228, Taf. VIII, Fig. 6 und 7) und *Aricia foetida* (l. c. Vol. IV, p. 198, Taf. VI, Fig. 6) nachgewiesen hat. Ein weiterer und letzter Schnitt (Fig. 6) hinter der Mundöffnung trifft wieder im Ectoderm die doppelte Anlage des Bauchmarkes, sowie jene des Mesoderms.

Die nächst ältere Larve, die wir besprechen wollen (Taf. III, Fig. 11), hat schon einen bedeutend längeren Hinterkörper, während der Kopf schon kleiner ist. In der Nähe des Wimperschopfes sind zwei Tentakeln aufgetreten. Hinter dem präoralen Wimperkranz erscheinen die vier blattartigen Fühlercirren, von denen es leider unmöglich ist zu constatiren, wie viel Segmenten dieselben angehören. Hinter den Fühlercirren sind noch acht Segmente angedeutet, und zwar sieht man in der Seitenansicht die Anlage der grossen blattförmigen Rückencirren, sowie die Ruder mit den noch ganz kleinen Borsten. Die von hinten nach vorne fortlaufenden Schnitte (Taf. IV, Fig. 7—13) sind von einer Larve, welche etwas jünger als die auf Fig. 11 abgebildete ist. Schnitt Fig. 7 hat gerade den analen Wimperkranz getroffen. An der Bauchseite ist der flimmernde Enddarm durchschnitten. Die grossen Zellen

links und rechts halte ich für Ectodermverdickungen, die zwei Zell-
complexe in der Mitte entsprechen den hinteren Enden der beiden
Mesodermstränge, das Innere des Schnittes ist von einem blasigen
Parenchym eingenommen. Die weiteren Bilder bis zur Mundöffnung
(Fig. 12) zeigen die mächtige Entwicklung des Ectoderms, welches an
der Bauch- und Rückenseite noch immer blasig entwickelt ist. Die
grosse Verdickung des äusseren Blattes, dort, wo später die Ruder
mit ihren Fortsätzen entstehen, scheint eine den Phyllodociden eigenthümliche Eigenschaft zu sein, denn sie wird ebenfalls von Kleinenberg
(l. c., mir ist die Originalabhandlung leider nur durch einen Auszug
in dem Zoolog. Jahresbericht für 1881, p. 302—304 bekannt) von Lopadorhynchus berichtet. Die Schnitte acht und neun lassen noch nichts
von dem Bauchmark erkennen, das erst auf Figur 10 und 11 deutlich
ersichtlich ist. Zwei sich besonders stark färbende Zellgruppen, die
an der Nerven-Punktsubstanz gegen das Innere des Schnittes zu liegen
(Fig. 10), halte ich für Ganglienzellen. Man trifft dieselben wieder,
wenigstens die eine, rechts auf Figur 11, wo es allerdings ganz den Anschein hat, als gehörten sie dem Mesoderm an. An dem Schnitte (Taf. V,
Fig. 1) einer älteren Larve sieht man wieder die beiden Zellgruppen,
auch in einer Lage, als gehörten sie dem Mesoderm an. Weitere
Schnitte (Taf. V, Fig. 2 und 3) belehren jedoch, dass sie in inniger
Verbindung mit den die Punktsubstanz von aussen umhüllenden Ganglienzellen sind, also wohl sicher ebenfalls von dem Ectoderm aus nach
einwärts gestülpt würden. Welche Bedeutung indess dann die feine,
aber scharfe Linie hat, welche die Punktsubstanz nach innen von den
beiden Gangliengruppen trennt (Taf. IV, Fig. 10 und 11; Taf. V, Fig. 1),
weiss ich nicht zu erklären.

Das Mesoderm, welches von hinten nach vorne an Dicke abnimmt,
ist deutlich durch seine blassen, meist grösseren Zellkerne von den
Gebilden des Ectoderms zu unterscheiden (Taf. V, Fig. 1). Seinen
Zerfall in die Muskel- und Seitenplatten hat von Salensky genau be-
schrieben, so dass ich nicht mehr näher hier darauf eingehen will. Von
einer Leibeshöhle ist in diesem Stadium noch absolut nichts zu sehen.
Dieselbe entsteht erst bedeutend später. Tafel V, Figur 2 zeigt den
Querschnitt durch eine ältere Larve; hier ist die Scheidung des Mesoderms am Rücken in ein somatisches und splanchnisches Blatt schon
vollzogen.

Der hintere Theil des Entoderms ist auf unseren Querschnitten
(Fig. 8 und 9) schon mit einem Lumen versehen; gegen den Mund zu
ist es noch solid; es besteht hier aus schmalen, keilförmigen Zellen,
die noch hie und da Dotterelemente einschliessen. Figur 12 gibt einen

Schnitt durch den Mund, aus welchem sich leider wieder ein Theil des Darmes herausgestülpt hat. Links und rechts bemerkt man die Schlundcommissur. Ein dünnes Mesodermblatt umgibt das solide Entoderm, das noch seinen embryonalen Charakter zeigt. Bei dem Querschnitte (Fig. 13), der etwas oberhalb der Mundöffnung die Larve traf, liegt zwischen Mesodermblatt und Entoderm ein compacter Zellcomplex, der Rüssel. Seine Entstehung aus dem Ectoderm durch Einstülpung von der Mundöffnung aus ist bekannt, ich konnte jedoch dieselbe leider nicht näher verfolgen, was hier um so interessanter gewesen wäre, als Kleinenberg von *Lopadorhynchus* eine ganz eigenthümliche Entwicklung desselben beschreibt.

Aeltere Larven als die Tafel IV, Figur 11 abgebildete zeigen schon vier Fühler am Kopfe und die Segmente vermehrt und ausgebildet. Die Species der hier untersuchten Phyllodocide zu bestimmen, ist mir leider nicht gelungen. Mein Freund Dr. v. Marenzeller, dem ich die ältesten von mir im pelagischen Auftriebe gefangenen Thiere zur freundlichen Untersuchung übergab, findet sie sehr übereinstimmend mit *Eulalia macroceros* Gr., obwohl auch er den fünften unpaaren Tentakel nicht entdecken konnte, der indess auch abgefallen oder noch nicht ausgebildet sein konnte. Indess sollen nach ihm die Eier dieser Species undurchsichtig und grün pigmentirt sein, was mit meinen Beobachtungen nicht übereinstimmt.

Literatur über Embryologie der Polychaeten.

Agassiz Al. On the embryology of *Autolytus cornutus* and alternations of generations. Boston Journ. of Nat. Hist., Vol. VII, 1859—1863, p. 392—418, Taf. IX—XI.

— On the young stages of a few Annelids. Ann. Lyc. Nat. Hist. of New-York, Vol. VIII, 1866, p. 303—343, Taf. VI—XI. — *Polygordius* sp., Fig. 3—17. *Spirorbis spirillum*, Fig. 18, 20—25. *Polydora*, Fig. 26—38. *Nerine*, Fig. 39—45. *Phyllodoce maculata*, Fig. 46—55. Unbek. Ann., Fig. 56—58.

Allman G. J. On a peculiar Annelidan larva. Report. Brit. Assoc. Adv. Sc., 22. Meet., 1852. Trans. Sect., p. 70. Unbek. Annel.-Larve.

Barrois M. C. On some points in the Embryology of Annelids. Ann. and Magaz. of Nat. Hist., Vol. XX, 4. ser., 1877, p. 365—366. — *Syllis.* — Knospung. *Mitraria.*

Beneden P. J. van. Sur le sexe et l'embryogénie de *Lombriconais.* L'Institut 25. Nr. 1234, 1857, p. 287.

— Histoire naturelle du genre *Capitella* de Blainville ou de *Lombriconais* d'Oersted. Bull. Acad. Brux., 2. sér., Vol. III, 1857, p. 137—162, 2 Taf. — *Capitella capitata.*

Bobrezky. (Der Titel dieser Arbeit, die mir nur im Auszuge in „Leuckart's Berichten" zugänglich ist, ist mir unbekannt). Verhandl. d. Gesellsch. d. Naturf. in Kiew, Vol. III, Heft 3, 1873. — *Centrocorone taurica, Pholoë ocellata, Pectinaria* sp.[1])

Busch Wilhelm. Ueber die *Mesotrocha sexoculata.* Müller's Archiv, 1847, p. 187 bis 192.

— Beobachtungen über Anatomie und Entwicklung einiger wirbelloser Seethiere. Mit 17 Kupfertafeln. Berlin, A. Hirschwald, 1851, p. 55—76. — *Polygordius,* Taf. VII, Fig. 1—4. *Spionide,* Taf. VII, Fig. 5—8; Taf. VIII, Fig. 1—5. *Phyllodocide,* Taf. VIII, Fig. 6. Unbek. Annel., Taf. VIII, Fig. 7—9; Taf. IX, Fig. 9—10.[2]) *Telepsavus,* Taf. IX, Fig. 1—8. *Nereide,* Taf. IX, Fig. 11—12.

Buschholz R. Zur Entwicklungsgeschichte von *Alciope.* Zeitschr. f. wiss. Zool., Vol. XIX, 1869, p. 94—98, Taf. IV.

Claparède Ed. Sur une nouvelle larve d'Annélide Chetopode. Mém. de la soc. de phys. et d'hist. nat. de Genève, Vol. XVI, 1re Partie, 1861, Taf. V, Fig. 3 und 4, p. 122—123. — Unbek. Anneliden-(?)Larve.

---

[1]) Ist dieselbe Larve, welche Claparède zu *Polydora* stellte.

[2]) Diese Larve kommt bei Triest sehr häufig im September vor.

2

18

Claparède Ed. Beobachtungen über Anatomie und Entwickelung wirbelloser Thiere an der Küste der Normandie. Leipzig, 1863. — *Leucodore ciliata (Nerine)*, Taf. VII, Fig. 3—11; Taf. VIII, Fig. 1—3. *Spionide*, Taf. VIII, Fig. 4—6. *Magelona* sp., Taf. X, Fig. 9—11; Taf. XI, Fig. 1—2. *Spionide*,(?) Taf. VI, Fig. 1—11. *Polynoë*,(?) Taf. VIII, Fig. 7—11. *Odontosyllis*, Taf. XII, Fig. 9—15. *Terebella conchylega*, Taf. VIII, Fig. 12—13; Taf. IX; Taf. X, Fig. 1—8. Unbek. Ann., Taf. XI, Fig. 3; Taf. VII, Fig. 1—2.

— Glanures zootomiques parmi les Annélides de Port Vendres. Genève, Paris. 1864, p. 67—69. — Knospung von *Syllis*.

— Beiträge zur Fauna der schottischen Küste. Zeitschr. f. wiss. Zool., Vol. X, p. 407. — *Mitraria*.

— Recherches sur les Annélides présentant formes sexuelles distinctes. Genève, 1869.

— und Mecznikoff E. Beiträge zur Kenntniss über die Entwickelungsgeschichte der Chaetopoden. Zeitschr. f. wiss. Zool., Vol. IX, 1869, p. 163—206, Taf. XII bis XVII. — *Spio fuliginosus* Clpd., Taf. XII, Fig. 1. *Spio Mecznikowianus* Clpd., Taf. XII, Fig. 2. *Nerine Cirratulus*, Taf. XII, Fig. 4. *Polydora*,[1]) Taf. XII, Fig. 3. *Telepsavus Costarum* Clpd., Taf. XIV, Fig. 1. *Phyllochaetopterus*, Taf. XIV, Fig. 2. *Lumbriconereis* sp., Taf. XV, Fig. 1. *Ophryotrocha puerilis* Clpd., Taf. XIII, Fig. 2. *Staurocephalus Chiaje* Clpd., Taf. XV, Fig. 3. *Nephthys scolopendra* Delle Chiaje, Taf. XIV, Fig. 3. *Phyllodoce* sp., Taf. XV, Fig. 2. *Capitella capitata*, Taf. XVII, Fig. 2. *Cirratulus* sp., Taf. XIV, Fig. 4. *Audouina feligera*, Taf. XII, Fig. 5. *Terebella Meckelii*, Taf. XVII, Fig. 1. *Dasychone lucullana*, Taf. XVI, Fig. 1. *Spirorbis Pagenstecheri* Qtrfg., Taf. XVI, Fig. 2. *Pileolaria militaris*, Taf. XVI, Fig. 3.

— und Panceri. Nota sopra una Alciopide parassito dello Cydippe densa. Memorie della Soc. Italiana di scienze naturali, Bd. III, Milano, 1867. — *Alciopina parasitica* Clpd.

Conn H. W. Note from the Chesapeake Zoological Laboratory. Development of *Serpula*. Zool. Anzeiger, 1884, Nr. 183, p. 669—672.

Drasche R. von. Ueber die Entwicklung von *Pomatoceros*. Zool. Anzeiger, 1883, Nr. 149, p. 506—507.

— Beiträge zur Entwicklung der Polychaeten. 1. Heft: Entwicklung von *Pomatoceros triqueter* L. Wien, 1884, Gerold und Sohn.

— Einige Worte zu der Mittheilung H. W. Conn's über die Entwicklung von *Serpula*. Zoolog. Anzeiger, 1885, p. 159.

Dujardin Felix. Note sur une Annélide *(Exogone pusilla)* qui porte à la fois ses oeufs et ses spermatozoides. Ann. de sc. nat., sér. 3, Zool., Vol. XV, 1851, p. 298, Taf. III, Fig. 9—20.

Edwards H. Milne. Rapport sur une série de mémoires de Mr. de Quatrefages. Ann. sc. nat., sér. 3, Zool., Vol. I, 1844, p. 22.

— Observations sur le développement des Annélides, faites sur les côtes de la Sicile. Ann. sc. nat., sér. 3, Zool., Vol. III, 1845, p. 145—182, Taf. V—XI. — *Terebella nebulosa*, Taf. V, VI und VII, Fig. 23—26; Taf. VIII, Fig. 27.

---

[1]) Diese Larve gehört nach Bobreczky zu *Pectinaria*.

Protula elegans, Taf. IX und X, Fig. 56. *Nereis* sp., Taf. X, Fig. 57—61; Taf. XI, Fig. 62—64. *Myrianida fasciata* Qutrf., Taf. XI, Fig. 65—68. *Terebella* sp., Taf. VII, Fig. 28—36. Unbekannte Anuelide, Taf. VII, Fig. 37 bis 39. Unbekaunte Annelide, Taf. VII, Fig. 40. Unbekannte Annelide, Taf. VII, Fig. 40.[1])

Ehlers E. Die Borstenwürmer. Vol. I, Leipzig. Wilh. Engelmann, 1864—1868, p. 206—215 — Ueber Knospung der Sylliden.

— Ueber die Bildung der Borsten und Ruderfortsätze bei den Borstenwürmern. Nachrichten von der k. Gesellsch. d. Wissensch. zu Göttingen, 1865, Nr. 14.

— Ueber die Neubildung des Kopfes und des vorderen Körpertheiles bei polychaeten Anneliden. Akademisches Programm, Erlangen, 1869.

Fewkes Walter. On the development of certain worm Larvae. Bulletin of the Mus. of Comp. Zool. at Harward College, Bd. XI, Nr. 9, 1883, p. 167—208, Taf. I—VIII. — *Prionospio tenuis* Verr., Taf. I und Taf. II, Fig. 7—8. *Spio* sp., Taf. II, Fig. 1—3. *Aricidea* sp., Taf. II, Fig. 4—6; Taf. VI, Fig. 1 und 10. Unbekannte Annelide, Taf. VI, Fig. 2—4 *(Spionide?)*. *Telepsavus*, Taf. III, Fig. 5—15; Taf. XII, Fig. 12—14 (??). *Phyllochaetopterus*, Taf. III, Fig. 16—18. *Nephthys* sp., Taf. I, Fig. 12b. *Lepidonotus squamatus*, Taf. III, Fig. 1—4; Taf. IV, Fig. 14—17. *Harmothoë*, (?) Taf. IV, Fig. 13—19a. *Polygordius*, Taf. II, Fig. 10—18; Taf. IV, Fig. 18. *Capitella*, Taf. III, Fig. 19;[2]) Taf. II, Fig. 9. *Lumbriconereis*, Taf. VII; Taf. VIII, Fig. 1—3. *Nereis* sp., Taf. VI, Fig. 6—9. Unbekaunte Annelide, Taf. VI, Fig. 5.

Frey und Leuckart. Beiträge zur Keuntniss wirbelloser Thiere, 1847, 4, p. 91.

Fraipont Julin. Le rein céphalique du *Polygordius*. Archives de Biologie, Vol. V, Fascic. 1, 1884, p. 102—121, Taf. VI.

— Recherches sur le système nerveux central et périférique des Archiannélides *(Protodrilus, Polygordius)* et du *Saccocirrus papilloccercus*. Archives de Biologie, Vol. V, Fascic. 2, 1884, p. 243—304, Taf. XVI—XIX.

Giard. Note sur l'embryogénie de la *Salmacina Dysteri*. Compt. rend., 1876, Vol. LXXXVI, p. 233—235.

— Note sur le développement de *Salmacina Dysteri*. Compt. rend., 1876, Bd. LXXXII, p. 285—288.

— Sur un curieux phenomène de préfécondation, observé chez une Spionide. Compt. rend. Acad. Paris, Vol. XCIII, 1881, p. 600—602.

Goette A. Zur Entwicklungsgeschichte der Würmer. Zool. Anzeiger, 3. Jahrg., Nr. 80, 1881, p. 189—191.

— Abhandlungen zur Entwicklungsgeschichte der Thiere. Heft 1: Unter-suchungen zur Entwicklungsgeschichte der Würmer. Beschreibender Theil. Leipzig, 1882, p. 83—104. — *Nereis dumerilii*, Taf. V und Taf. VI, Fig. 14—20. *Spirorbis nautiloides*, Taf. VI, Fig. 21—23. Heft 2: Vergleichender Theil.

Hatschek B. Studien über Entwicklungsgeschichte der Anneliden. Arbeiten aus d. zool. Institute der Univ. Wien, 1878, 3. Heft, p. 22—128, Taf. V—VIII. — *Polygordius*.

---

[1]) Diese Larve wurde von Claparède zu *Spio* gestellt.

[2]) Die Figur 19 ist entschieden eine Larve von *Telepsavus;* die im Texte und in der Tafel-Erklärung erwähnte Figur 20 existirt überhaupt nicht.

2*

Hatschek B. Entwicklung des Kopfes von *Polygordius*. Arbeiten aus d. zool. Institute, 1885, Heft 1, p. 109, Taf. VIII.

— Entwicklung der Trochophora von *Eupomatus uncinatus* Philippi. ibid. p. 21, Taf. IX—XIII.

Horst R. Bijdrage tot de Kennis der Anneliden von onze Kust. Tijdschrift der Nederlandsche dierkundige Vereenigung, 1880 — *Avenicola piscatorium*.

— Over bevruchting en ontwikkeling van *Hermella alveolata* M. E. — Versl. en Med. k. Akad. Amsterdam Afd. Natuurkunde (2), D. 16, 1881, p. 207—214. Mit einer Tafel.

Huxley Th. H. On hermaphrodite and fissiparous species of tubicolar Annelidae. Edinburgh New. Phil. Journ., Vol. I, 1885. — *Protula*.

M'Intosh W. On the early stages in the development of *Phyllodoce maculata*. Ann. and Mag. nat. hist., Vol. III, p. 104—107, Taf. III.

— On budding in the Syllidian Annelids. Rep. Brit. Assoc. Adv. Sc. 49th meet., 1879, p. 372—375.

Kleinenberg N. Sull' origine del sistema nervoso centrale degli Anellidi. Mem. R. Accad. d. Lincei. Classe di scienze fisiche, Vol. X, 1880—1881, p. 421—430. — *Lopadorhynchus Krohnii* Klbg.

Koch H. Einige Worte zur Entwicklungsgeschichte von *Eunice* mit einem Nachworte von A. Köllicker. Neuenburg, 1846. — *Eunice sanguinea,* (?) Taf. I—II. *Exogone Örstedii*, Taf. III, Fig. 1 und 2. *Exogone cirrata*, Taf. III, Fig. 3 und 4. *Cystonereis Edwardsii*, Taf. III, Fig. 5 und 6.

Koelliker A. Beiträge zur Entwicklungsgeschichte wirbelloser Thiere. Müller's Archiv, 1843, p. 111. — Furchung von *Nereis*.

— Nachwort zur „Entwicklungsgeschichte von *Eunice*". H. Koch, 1846 (Neue Denkschriften der allgem. schweiz. Gesellsch. f. d. ges. Naturw. VIII).

Kowalewsky. Entwicklungsgeschichte der Rippenquallen Mém. Acad. impér. St. Petersburg, Vol. X, Nr. 4, 1866, pag. VI. — *Sternaspis*.

— Entwicklungsweise der Eier von *Sternaspis*. Schrift d. naturf. Gesellsch. zu Kiew, 1870, p. 287—290, Taf. XIII B.

Krohn A. Ueber die Erscheinungen bei der Fortpflanzung von *Syllis prolifera* und *Autolytus prolifera*. Archiv f. Naturgesch., Jahrg. 18, 1852, Vol. I, p. 66—76.

— Ueber *Syllis puligera*. Archiv f. Naturgesch., 1852, Vol. XVIII, 1., p 251, Taf. X.

— Ueber die Sprösslinge von *Autolytus prolifera* Chr. Müller's Archiv, 1853, p. 489—490.

— Ueber eine lebendig gebärende *Syllis*-Art. Archiv f. Naturgesch., 1869, Vol. I, p. 197—199.

Leuckart Rud. Ueber die Jugendzustände einiger Anneliden. Archiv f. Naturgesch., Jahrg. 21, 1855, Vol. I, p. 63—80. — *Mesotrocha*. *Spio* sp., Taf. II, Fig. 1—5. *Alciope*, Taf. II, Fig. 6.

— und Pagenstecher. Untersuchungen über niedere Seethiere. Müller's Archiv, 1858, p. 610—613. — *Spio* sp., Taf. XXIII.

Lovén S. L. Jakstagelse öfser metamorfos hos en Annelid. (Mit 1 Taf.) K. Vet. Akad. Handlgr., Stockholm, 1840, p. 93—98. Uebersetzt von W. Peters im Archiv f. Naturgesch., Jahrg. 8, 1842, Vol. I, p. 302—303. — *Polygordius*.

Metschnikoff El. Bemerkungen über die Chaetopodenfauna von Helgoland. Zeitschr. f. wiss. Zool., Vol. XV, 1865, p. 336—340. — *Leucodora ciliata*, Taf. XXV, Fig. 17.

— *Apsilus lentiformis*. Ein Räderthier. Zeitschr. f. wiss. Zool. Vol. XVI, 1866, p. 354—355.

— Ueber eine Larve von *Balanoglossus*. Müller's Archiv, Jahrg. 1866, p. 595, — *Mesotrocha*.

— Ueber die Metamorphose einiger Seethiere. Nachrichten von d. k. Gesellsch. u. d. Universität zu Göttingen 1869, Nr. 12, p. 227, *Mitraria*.

— Ueber die Metamorphose einiger Seethiere. Zeitschr. f. wiss. Zool., Vol. XXI, 1871, p. 233—244, Taf. XVIII. — *Mitraria*.

— Beiträge zur Entwicklungsgeschichte einiger niederen Thiere. Vorläufige Mittheilung. Mélanges biologiques tirés du Bulletin de l'Ac. Imp. des Sc. de St. Petersbourg, Bd. VII, 1871, p. 669—671.

— Vergleichend embryol. Studien. Ueber die *Gastrula* einiger *Metazoen*. Mit 2 Taf. Zeitschr. f. wiss. Zool., 1882, Vol. XXXVII, p. 286—313; — Taf. XX, Fig. 42—45. *Polygordius*.

Müller Joh. Bericht über einige neue Thierformen der Nordsee (Mit 2 Taf.). Müller's Archiv, 1846, p. 104—106. — *Mesotrocha sexoculata*, Taf. V, Fig. 3—5.

— Ueber die Jugendzustände einiger Seethiere. Monatsber. d. k. Akad. d. Wissensch. Berlin 1851, p. 468—472. — *Mitraria* und verschiedene unbekannte Anneliden Larven.

Müller Fr. *Cunina Köllikeri* n. sp. — Archiv f. Naturg. 1861, Vol. I, p. 46 — *Terebella*.

Müller Max. Ueber die Entwickelung und Metamorphose der Polynoen. Müller's Archiv, 1851, Taf. XIII.

— Ueber *Sacconereis Helgolandica*. Müller's Archiv, 1855, p. 13, Taf. II—III,

— Ueber die weitere Entwicklung von *Mesotrocha sexoculata*. Mit 1 Taf. Müller's Archiv, 1855.

Oerstedt A. S. Annulatorum danicarum conspectus fasc. 1. — *Leucodora ciliatum. Exogone naidina*.

— Ueber die Entwicklung der Jungen bei einer Annelide und über die äusseren Unterschiede zwischen beiden Geschlechtern. Arch. f. Naturg., Jahrg. 11, 1845, Vol. I, p. 20—23. — *Exogone naidina*, Taf. II.

Panceri P. Altre larve di Alciopide *(Rhynconerulla)* Rendiconto della R. Academia delle Scienze Fisiche e Mathematiche di Napoli, Marzo 1868.

Pagenstecher H. Alex. Ueber die Entwicklungsgeschichte und Brutpflege von *Spirorbis spirillum*. Zeitschr. f. wiss. Zool., Bd. XII, 1863, p. 486—496. Taf. XXXVIII—XXXIX.

— *Exogone gemmifera* und einige verwandte Syllideen. Zeitschr. f. wiss. Zool. Bd. XII, 1863. p. 267—283, Taf. XXV—XXVI.

Quatrefages A. de. Sur la distinction des sexes dans diverses Annélides. Compt. rend. Vol. XVII, Juill. — Décbr. 1843, p. 43.

— Note sur l'embryogénie des Annélides. Ann. scienc. nat., sér. 3, Zool., Vol. VIII, 1847, p. 99—107. — *Hermella.*

— Mémoire sur l'embryogénie des Annélides. Ann. scienc. nat., sér. 3, Zool., Vol. X, 1848, Taf. III und IV, p. 153—201. — *Hermella alveolata.*

— Mémoire sur la géneration alternante des *Syllis.* Ann. scienc. nat., sér. 4, Zool., Vol. II, 1854, p. 143—151, Taf. IV, Fig. 3—15.

Rajewsky. Notiz über *Polygordius* und die Lovén'sche Larve. — Isvjectija Obtschestwa Ljubitelei Eetectwosvanya Antropologii i Etnografli Bd. X.

Repiachoff W. Zur Entwicklungsgeschichte des *Polygordius flavocapitatus* Ulj und *Sacocirrus papillocerus* Bobr. Zool. Anzeig., 4. Jahrg., 1881, Nr. 94, p. 518—520 und Journ. R. Microsc. Soc. (2) Vol. II, P. I, p. 46.

— Ueber die Larve von *Polygordius flavocapitatus.* Schrift. neuruss. Naturf. Gesellsch. (Bd. ?)

Salensky W. Études sur le développement des Annélides. Archives de Biologie, Vol. III, 1882, p. 347—378, Taf. XIV und XV *Psygmobranchus protensus;* p. 561—604, Taf. XXIII—XXV *Nereis cultrifera;* Vol. IV, 1883, p. 143—187, Taf. IV und V *Pileolaria* sp.; p. 188—220, Taf. VI und VII *Aricia foetida;* p. 221—264, Taf. VIII—IX *Terebella Meckelii.*

Sars M. Zur Entwicklung der Annoliden. Arch. f. Naturg., Jahrg. 11, 1845, Vol. I, p. 11—19. — *Polynoë cirrata,* Taf. I, Fig. 12—21.

Schneider A. Ueber Annelidlarven mit porösen Hüllen. Müller's Archiv, 1867, p. 498—508, Taf. XIII. — *Ennice* sp., Taf. XIII, Fig. 3—5; Unbek. Larven, Fig. 8, 12, 67.

— Ueber Bau und Entwicklung von *Polygordius.* Müller's Archiv 1868.

— Entwickelung und systematische Stellung der *Bryozoen* und *Gephyreen.* Arch. f. mikroskop. Anatomie, Vol. V, 1869. — *Mitraria.*

Schenk. Die Entwicklungsvorgänge im Eichen von *Serpula* nach der künstlichen Befruchtung. Sitzungsber. der Wr. Akad. d. Wissensch., Abth. III, 1874, Vol. LXX. Mit 1 Taf.

Schultze Max. Zoologische Skizzen. Zeitschr. f. wiss. Zool., Vol. IV, 1853, p. 192. — *Arenicola.*

— Ueber die Entwicklung von *Arenicola piscatorium* und anderer Kiemenwürmer. Halle, 1856.

Slabber Mart. Natuurkundige Verlustigingen behelzende microscopise waarneemingen van in en uitlandse Water en Landdieren. Haarlem, 1778, p. 156. *Spionide,* Taf. XVII, Fig. 5.

Stossich. Beiträge zur Entwicklungsgeschichte der *Chaetopoden.* Sitzungsber. der Wr. Akad., 1878, Vol. LXXIX, mit 2 Taf. — *Serpula uncinata* und *glomerata.*

Verill. Trans. Conn. Acad., Vol. IV, Taf. XVIII, Fig. 16 und 17. — *Spiochaetopterus.*

Vejdovsky F. Untersuchungen über die Anatomie, Physiologie und Entwicklung von *Sternaspis*. Mit 10 Tafeln. Denkschriften der Wr. Akadem., math.-nat. Cl., 1881, Vol. XLIII, p. 33—90.

Willemoes Suhm R. v. Biologische Beobachtungen über niedrige Meeresthiere. Zeitschr. f. wiss. Zool., Vol. XXI, 1871, p. 387—395. Mit 3 Tafeln. — *Eteone pusilla*, Taf. XXXI, Fig. 5—8. *Terebella zostericola*, Taf. XXXIII, Fig. 27—30. *Terebellides Stroemii,* Taf. XXXII, Fig. 14—26. *Spirorbis nautiloides,* Taf. XXXI. Fig. 9, 10, 13. *Nereis*-Larve, Taf. XXXI, Fig. 12. *Polydora*-Larve, Taf. XXXI. Fig. 11.

Wilson G. B. Preliminary abstract of observations upon the early stages of some Polychaetous Annelids. Zool. Anzeiger, 3. Jahrg., 1880, Nr. 61, p. 455—456. — *Clymenella, torquata* Verr., *Arenicola cristata* Stimps, *Diopatria cuprea* Clprd., *Spiochaetopterus oculatus* Webster.

Wilson G. B. Notes on the early stages of some Polychaetous Annelids. Am. Journ. sc. Silliman, Vol. XX, p. 291—292. — Ann. of Nat. Hist., 5. ser., Vol. VI, p. 407—408. — *Clymenella Arenicola*.

— Observations on the early developmental stages of some Polychaetous Annelids. John Hopkins University. Baltimore. Studies from the biological laboratory. Vol. II, 1882. — *Clymenella torquata*, Taf. XX und Taf. XXIII, Fig. 1—3. *Arenicola cristata*, Taf. XXI, Fig. 45—62; Taf. XXIII, Fig. 4. *Diopatra cuprea*, Taf. XXI, Fig. 89—92; Taf. XXIII, Fig. 10. *Chaetopterus pergamentaceus*, Taf. XXII, Fig. 63—84; Taf. XXIII, Fig. 6—8. *Spiochaetopterus oculatus,*(?) Taf. XXII, Fig. 85—88; Taf. XXIII, Fig. 9.

Tafel I.

Furchung von *Sabellaria spinulosa* V. 320.

Fig. 1. Ungefurchtes Ei.

Fig. 2. Ei im Begriffe der Zweitheilung.

Fig. 3. Zweizelliges provisorisches Stadium.

Fig. 4. Dreizelliges provisorisches Stadium.

Fig. 5. Die kleine Zelle vereinigt sich wieder mit einer der grossen.

Fig. 6. Zweizelliges Stadium.

Fig. 7. Dreizelliges Stadium, in der Bildung begriffen.

Fig. 8. Dreizelliges Stadium.

Fig. 9. Vierzelliges Stadium.

Fig. 9a. Vierzelliges Stadium, von der Seite gesehen.

Fig. 10. Die Zelle A_1 hat sich in A_1 und $\underline{A}_1$ getheilt.

Fig. 11. Die Zelle B_2 hat sich in B_2 und $\underline{B}_2$ getheilt.

Fig. 12. Das Stadium Fig. 11 um etwa 40^0 nach links gedreht um eine von A_2 nach B_1 gehende Axe.

Fig. 13. Das Stadium Fig. 11 um etwa 40^0 nach rechts gedreht um dieselbe Axe. Die Zelle A_1 hat sich in A_1 und in $\underline{A}_1$ getheilt.

Fig. 14. Das Stadium Fig. 13 noch mehr nach rechts gedreht. Die Zelle B_1 hat sich in B_1 und $\underline{B}_1$ getheilt.

Fig. 15. Stellung wie Fig. 13. Die Zelle A_1 hat sich in A_1 und $\underline{A}_1$, die Zelle $\underline{A}_1$ in $\underline{A}_1$ und $\underline{A}_1$ getheilt.

Fig. 16. Stellung wie Fig. 13. Die Zelle $\underline{A}_1$ hat sich in $\underline{A}_1$ und $\underline{A}_1$ getheilt.

Fig. 17. Stellung wie Fig. 14. Stadium der Fig. 15.

Fig. 18. Ein weiter vorgerücktes Stadium.

Diejenigen Figuren, welche bei der Ziffer eine gleiche Anzahl Striche haben, befinden sich in der gleichen Lage.

—

Tafel II.

Sabellaria spinulosa.

Fig. 1. Optischer Längsschnitt nach einem Pikrocarmin - Präparat senkrecht zur Symmetrieebene. V. 320. m = Mesoblasten.

Fig. 2. Optischer Längsschnitt parallel zur Symmetrieebene. V. 320. b = Bauchseite.

Fig. 3. Larve mit Darm und Mesoderm mit Borsten. Optischer Längsschnitt senkrecht zur Symmetrieebene. V. 320.

Fig. 4. Aeltere Larve in der Stellung wie Fig. 3. V. 320. Der Darm besitzt schon ein Lumen.

Fig. 5. Aeltere Larve mit durchgebrochenem Munde. V. 320.

Fig. 6. Aelteste aus dem Ei gezogene Larve von der Bauchseite. V. 320.

Fig. 7. Eine Borste stark vergrössert.

Hermione hystrix.

Fig. 8. Ungefurchtes Ei. V. 75.

Fig. 9. Zweizelliges Stadium. V. 75.

Fig. 10. Vierzelliges Stadium. V. 75.

Fig. 11. Larve mit einem Wimperkranz und Scheitelschopf. V. 75.

Fig. 12. Aeltere Larve mit zwei Wimperkränzen. V. 75.

Fig. 13. Weiteres Stadium mit einem Anal-Wimperkranz. V. 100.

Fig. 14. Aeltere Larve mit Gürtel und Augen von der Bauchseite. V. 100.

Fig. 15. Dieselbe Larve von der Seite, die Mundöffnung wird schon durch die Cilien angedeutet. V. 100.

Fig. 16, 17, 18, 19, 20. Querschnitte durch eine fünf Tage alte Larve, und zwar:

Fig. 16. Schnitt durch die Scheitelplatte. Die fünf runden Flecke entsprechen so viel Papillen an der Bauchseite des Kopfes. V. 195.

Fig. 17. Schnitt durch den präoralen Wimperkranz. Die Anlage des Mesoderms ist ersichtlich. V. 195.

Fig. 18. Schnitt in der Gegend der Mundöffnung. Das Ectoderm ist mehrschichtig, das Mesoderm zu beiden Seiten des dicht mit Dotterelementen erfüllten Darmes. V. 195.

Fig. 19. Schnitt weiter hinten. Auf der linken Seite sieht man im Mesoderm die Anlage eines Parapodiums. V. 195.

Fig. 20. Schnitt nahe dem Hinterende. Der Darm ist allseitig von dem Mesoderm umgeben, in welchem man rechts die Anlage von zwei Borstensäckchen bemerkt. V. 195.

Tafel III.

Hermione hystrix.

Fig. 1. Fünf Tage alte Larve vom Rücken. V. 195.
Fig. 2. Dieselbe Larve von der Seite. V. 195.
Fig. 3. Sechs Tage alte Larve vom Bauch. V. 195.
Fig. 4. Sechs Tage alte Larve vom Rücken. V. 195.

Phyllodocide.

Fig. 5. Ungefurchtes Ei. V. 75.
Fig. 6. Ei mit allseitig geschlossenem Ectoderm. V. 75.
Fig. 7. Larve mit Wimperkranz. V. 75.
Fig. 8. Aelteres Stadium. V. 75.
Fig. 9. Larve von der Bauchseite mit deutlicher Mundöffnung, Anal-Wimper-
kranz und Pigmentirung. V. 75
Fig. 10. Aelteres Stadium vom Bauch mit Augenflecken, Scheitelschopf und
flimmernden Bauchstreifen. V. 75.
Fig. 11. Larve von der Seite mit den vier Fühlercirren und der Anlage
der Rückencirren und Borsten. V. 75.
Fig. 12. Pigmentzeichnung an der Bauchseite des Stadiums Fig. 10. V. 150.

Tafel IV.

Fig. 1. Längsschnitt parallel zur Symmetrieebene, durch das linke Auge ge-
.   führt. V. 195.

Fig. 2. Längsschnitt in der Symmetrieebene selbst gelegen. V. 195. Beide
         Schnitte von einer Larve, die so alt wie Figur 10, Tafel III ist.

Fig. 3—6. Querschnitte von einer Larve, die etwas jünger als die vorige ist.

Fig. 3. Schnitt durch die Scheitelplatte. V. 195

Fig. 4. Schnitt durch den Wimperkranz vor dem Munde. V. 195.

Fig. 5. Schnitt hinter der Mundöffnung. V. 195.

Fig. 6. Schnitt noch weiter nach rückwärts. V. 195.

Fig. 7—13. Querschnitte durch eine Larve, die etwas älter als Figur 10,
           Tafel III ist.

Fig. 7. Schnitt durch den Anal-Wimperkranz und den Enddarm. V. 320.

Fig. 8—12. Schnitte, die in ihrer Aufeinanderfolge von hinten bis zur
           Mundöffnung gehen.

Fig. 13. Schnitt vor der Mundöffnung.

s = Scheitelplatten, n = Bauchmarkstränge, $schn$ = Schlundcommissur,
km = Kopfmesoderm, m = Mesoderm des Körpers, M = Muskelplatten,
a = Anus, e = Darm, kh = Kopfhöhle, pr = Rüssel.

Tafel V.

Fig. 1. Querschnitt durch die Bauchseite einer Sabellarialarve, etwas älter als die auf Tafel III, Figur 11 abgebildete. *Ect* = Ectoderm, *n* = Nerven-Punktsubstanz, *G* = Kerne der Ganglienzellen, *M* = Muskelplatten, *Mes* = Kerne der Mesodermzellen, *Ent* = Entoderm. V. 480.

Fig. 2. Querschnitt durch dieselbe Larve näher dem Munde. *Som* = Somatisches Blatt, *Spl* = Splanchnisches Blatt. V. 195.

Fig. 3. Querschnitt durch dieselbe Larve knapp vor der Mundöffnung. *pr* = Rüssel. V. 195.

Die übrigen Buchstaben der Figuren 2 und 3 wie bei Figur 1.

Fig. 4. Pelagisch aufgefischte Larve. Vermuthlich Pectinaria.

Fig. 5. Embryonale Borsten von *Hermione hystrix*. V. 800. *a* und *b* Frontal- und Seitenansicht der Hakenborsten, *c* die glatte Borste.

Fig. 6 *a, b*. Die zweierlei Borsten der vorderen Segmente der erwachsenen *Hermione hystrix*. Copie nach Claparède. V. 85.

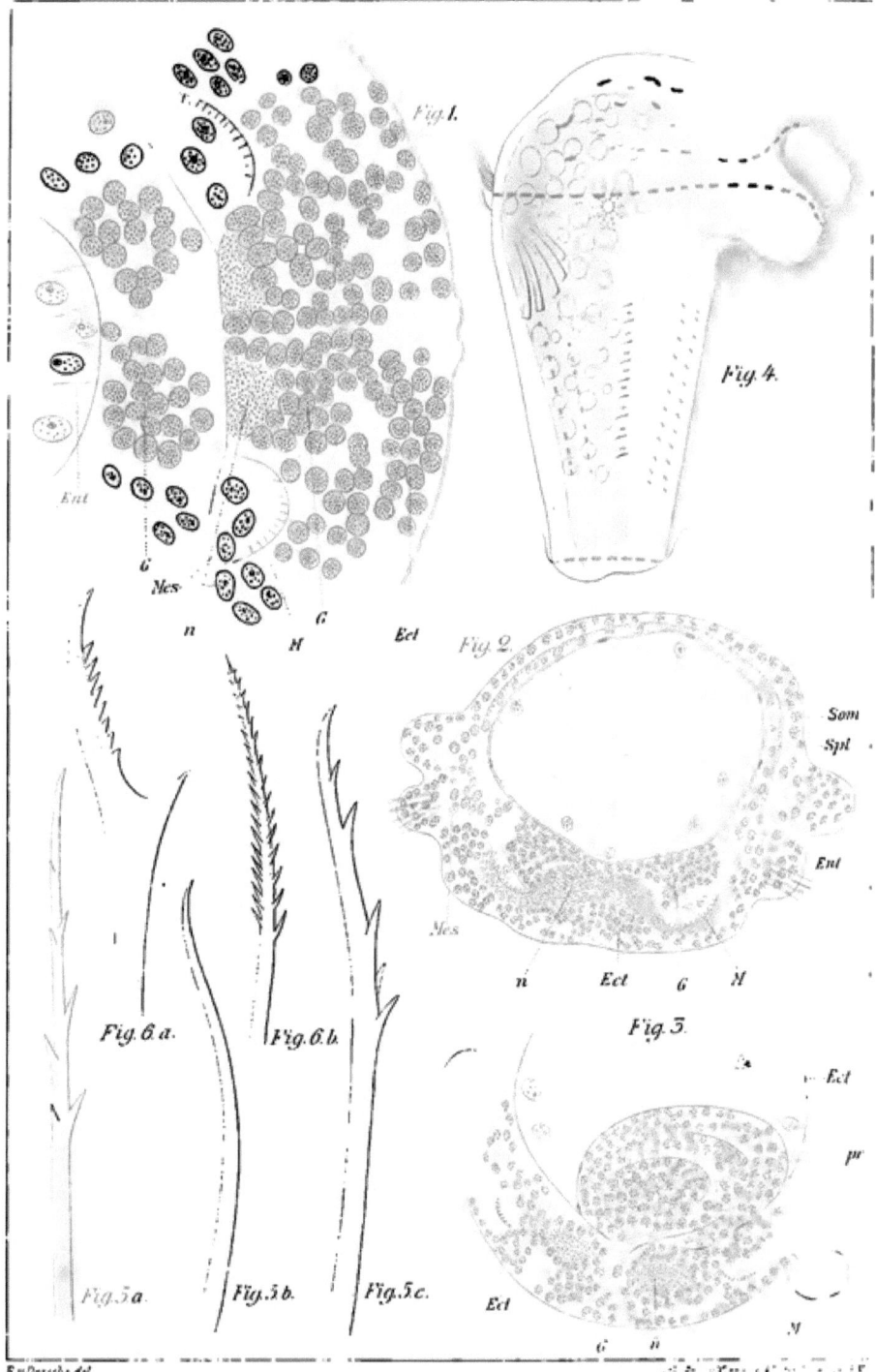